Sanita Lielbarde

# Explorando o papel do voluntariado internacional no bairro de lata de Kibera

**Sanita Lielbarde**

# Explorando o papel do voluntariado internacional no bairro de lata de Kibera

## Do ponto de vista da comunidade de acolhimento

**ScienciaScripts**

# ÍNDICE DE CONTEÚDOS

# CAPÍTULO 1. INTRODUÇÃO

*O voluntariado é uma expressão do envolvimento do indivíduo na sua comunidade. A participação, a confiança, a solidariedade e a reciprocidade, baseadas numa compreensão partilhada e num sentido de obrigações comuns, são valores que se reforçam mutuamente e que estão no cerne da governação e da boa cidadania. O voluntariado não é uma relíquia nostálgica do passado. É a nossa primeira linha de defesa contra a atomização social num mundo globalizado. Hoje, talvez mais do que nunca, cuidar e partilhar é uma necessidade, não um ato de caridade.*

UNV, 2000 (como citado em UNV, 2011, p.1)

É difícil definir o que se entende por voluntário, uma vez que não existe uma prática normalizada de voluntariado. Os voluntários actuam em diversas organizações, participando em tarefas extremamente variadas; pertencem a vários grupos etários e a diversas origens, com um leque de experiências e competências.

A United Nations Volunteers [UNV] (2011, p. 4) identifica três critérios de avaliação para classificar uma determinada ação como um ato de voluntariado. A ação tem de envolver o livre arbítrio, tem de ser não pecuniária e o benefício para os outros é essencial. Na última década, o voluntariado tornou-se muito popular entre vários grupos da sociedade. As pessoas podem fazer voluntariado de acordo com as suas capacidades e com as suas áreas de interesse. As oportunidades variam entre múltiplas iniciativas domésticas e práticas internacionais que se expandiram muito através da criação de organizações apoiadas pelo Estado nos anos 1950-1970 (Comhlamh, 2014). Nos últimos anos, as organizações apoiadas pelo Estado têm sido complementadas por um número crescente de agências privadas que oferecem estágios de voluntariado no estrangeiro mais curtos, com duração entre uma semana e vários meses. Foram realizados vários estudos para avaliar as experiências dos voluntários, mas as experiências das comunidades nos destinos de acolhimento não foram suficientemente analisadas. Por conseguinte, esta investigação tem por objetivo explorar o papel do voluntariado internacional e a eficácia desta prática na perspetiva da comunidade local do bairro de lata de Kibera.

## 1.1 Origens do voluntariado

Historicamente, o conceito de voluntariado pode ser associado ao ato de dar, que tem estado presente em qualquer sociedade ao longo do tempo e do espaço. A mais antiga fonte registada que apresenta esta questão remonta ao século IX a.C., quando o poeta grego Homero (800 a.C.-701 a.C.), no seu poema "A Odisseia", iniciou um debate sobre a mendicidade e a dádiva e, mais importante ainda, testou as atitudes da sociedade em relação a esta prática específica (Bremner, 1996, p. 6). A Bíblia cristã (Novo Testamento) é outra prova ilustre da longa história da dádiva - a partir de agora - o ato de caridade *(caritas - latim),* quando Jesus (c.7 a.C. - 30 d.C.) demonstra a sua crença no dever e na recompensa da caridade, encorajando os seus discípulos a praticar actos caritativos (Bremner, 1996, p.12). Desde então, a caridade impulsionada pela fé manifestou-se em muitos grupos religiosos e em missionários individuais - muitos deles santos e heróis - que assumiram o risco do desconhecido e enfrentaram a morte para dedicar voluntariamente a sua vida aos necessitados e aos pobres noutras partes do mundo (Stourton, 2009).

O termo "voluntário" deriva do latim *voluntas,* que significa "vontade" e *velle,* "desejar". As suas origens remontam ao final do século XIV[th] , *voluntarius* - "voluntário, de livre vontade", referindo-se originalmente a sentimentos, mais tarde também a acções no que se refere às forças armadas. O uso real da palavra "voluntário" vem do francês *voluntaire* - que significa "aquele que se oferece para o serviço militar" - foi registado pela primeira vez em França por volta de 1600 (Online Etymology Dictionary, 2014). [th]As raízes militares significativas do termo manifestaram-se bem no século XIX, quando as pessoas se ofereceram para lutar em muitas guerras de independência em países da América do Sul e de África. No sentido não militar, o significado de voluntariado começou a alargar-se durante a época vitoriana na Grã-Bretanha, com o aumento do número de "trabalhadores da caridade" - filantropos - a maioria dos quais mulheres - que prestavam apoio aos necessitados. Consequentemente, esta prática social de boa vontade forneceu as bases para o voluntariado contemporâneo, tanto a nível local como internacional (Comhlamh, 2014).

## 1.2 Voluntariado no estrangeiro

A crescente globalização dos problemas sociais e ecológicos tem influenciado a rápida expansão das agências internacionais em todo o mundo. Os resultados desta expansão são visíveis no aumento da mobilidade dos voluntários através dos programas de intercâmbio de voluntários e "numa interconexão intensificada entre a ação voluntária local e as preocupações globais" (Hustinx e Lammertyn, 2003, p.178). Os estágios de voluntariado de curta duração têm atraído pessoas de diferentes faixas etárias e de diferentes origens, combinando dois elementos muito agradáveis e satisfatórios num só - viajar e ajudar os outros. Muitas vezes, o turismo voluntário, também chamado de volunturismo, é visto como uma "prática de indivíduos que vão de férias a trabalho, oferecendo a sua mão de obra para causas dignas, tais como ajudar ou aliviar a pobreza material de alguns grupos da sociedade" (Lyons e Wearing, 2008, p. 3), de uma forma que é mutuamente benéfica para o desenvolvimento pessoal dos indivíduos, bem como para o ambiente em que participam (Wearing, 2001, p.1). No entanto, ao contrário das organizações apoiadas pelo Estado, muitos estágios de curta duração não requerem competências específicas para participar. Em vez disso, as competências podem ser desenvolvidas através da participação e, muitas vezes, o principal objetivo é o intercâmbio intercultural.

O aumento da procura de experiências de voluntariado em todo o mundo tem sido acompanhado pelo rápido crescimento das organizações de envio de voluntários (Graham,

2004, p.13), que promovem, vendem e organizam programas em função da atividade, localização e duração preferidas pelos turistas voluntários (Raymond e Hall, 2008, p. 531). O fundamental para o turismo voluntário é a ideia de que o tempo e o dinheiro dedicados ao voluntariado no estrangeiro beneficiariam os necessitados (Coghlan e Fennel, 2005, p.384) e que o ato de boa-fé em particular pode e deve trazer impactos positivos para a população local nos destinos de acolhimento (Sin, 2009, p.481). No entanto, em debates mais recentes, foi salientada a necessidade e a necessidade de desenvolvimento e gestão estruturados dos programas de voluntariado no estrangeiro, a fim de evitar mal-entendidos interculturais (Raymond e Hall, 2008, p.530). Além disso, sugere-se que as forças de mercado que impulsionam o turismo voluntário devem ser examinadas (Coghlan e Fennel, 2005, p.384), a fim de alcançar o valor máximo para o voluntário e a comunidade de acolhimento. Vários estudos defendem que as organizações de envio de voluntários devem desempenhar um papel essencial para alcançar os resultados mais opcionais através da gestão progressiva antes da partida, durante o estágio e após o seu regresso. Raymond e Hall (2008, p. 530) salientam que o voluntariado no estrangeiro não gera necessariamente uma consciencialização dos problemas enfrentados pelas comunidades de acolhimento. Por conseguinte, o desenvolvimento da compreensão cultural deve ser entendido como um objetivo do turismo voluntário e não como um "resultado natural do envio de voluntários para o estrangeiro" (Raymond e Hall, 2008, p. 530). Também Coghlan e Gooch (2011, p. 714) enfatizam a necessidade de transformação e mudança dentro da crescente indústria do turismo voluntário. O foco está em promover a consciência e a sensibilização entre os voluntários e os membros da comunidade de acolhimento, o que pode resultar na criação da base para a aprendizagem e a mudança como resultado das suas experiências.

## 1.3 Motivação

Mais comummente, o voluntariado é amplamente reconhecido como uma atividade altruísta que envolve dar sem pedir ou sem ser pago, em que o motivo do voluntário é "altruísta" e não é motivado por benefícios pessoais (Bussell e Forbes, 2002, p. 251). Em resposta a esta afirmação, a investigação existente argumenta que tal não é possível, uma vez que todos os actos de caridade incluem algum tipo de recompensa pessoal. Por conseguinte, Wilson e Musick salientam que ajudar os outros é "tão benéfico para o dador como para o recetor" (Wilson e Musick, 1999, p.141). Também foi sugerido que muitos indivíduos podem participar no voluntariado devido ao sentido de dever e responsabilidade para com a comunidade ou mesmo para com uma "coletividade mais abstrata" (Hustinx e Lammertyn, 2003, p.173).

As motivações que levam as pessoas a optar por participar em projectos de voluntariado no estrangeiro, em vez de o fazerem localmente, podem variar em função de factores internos, como os valores, a história e a identidade própria de uma pessoa, e também de "factores de atração externos" (Mustonen, 2005, p.116). É mais provável que as pessoas em diferentes fases da vida tenham diferentes motivações para o voluntariado (Sherraden, Lough, & McBride, 2008, p.399). No entanto, vários investigadores identificaram que a maioria das iniciativas está relacionada com o benefício próprio e a auto-realização, mais do que com motivos altruístas (Guttentag, 2009, p.541; Bussell e Forbes, 2002, p.247). Por exemplo, a razão para o envolvimento em projectos no estrangeiro para muitos turistas voluntários é a motivação para viajar para um destino diferente e não "para contribuir" (Sin, 2008, p.497). Os jovens adultos são mais propensos a procurar uma colocação de voluntariado de curta duração que corresponda aos seus próprios interesses e, muitas vezes, a experimentar - a experimentar - a profissão antes de se comprometerem com ela (Soderman e Snead, 2008, p.119). Muitas vezes, os voluntários são motivados por uma combinação de benefícios pessoais percebidos, incluindo conhecer novas pessoas, aprender novas competências, autossatisfação e sentimento de realização. Vários investigadores sugerem que o papel do altruísmo no turismo voluntário não é claro e, consequentemente, o turismo voluntário motivado por recompensas pessoais "ofusca a motivação altruísta" (Coghlan e Gooch, 2011, p.715). Além disso, Stebbins (1996, p.211) descreve o voluntariado como uma atividade de lazer com interesses próprios, o que dá uma razão para avaliar criticamente a natureza do turismo voluntário, tal como qualquer outra forma de turismo (Sin, 2009, p.497). Além disso, há sugestões de que o turismo voluntário representa uma forma de "egoísmo social", em que as agências de envio de voluntários comercializados promovem uma ampla gama de benefícios pessoais, em vez de se concentrarem na motivação altruísta "concebida para beneficiar a comunidade desfavorecida" (Coghlan e Fennel, 2005, p.384). Para contestar esta opinião, Bremner (1996, p.13) indica que os voluntários - a sua motivação - são objeto de um tal inquérito, que a mesma questão importante de um efeito sobre um recetor não é suficientemente discutida. De qualquer forma, para acomodar as opiniões positivas e negativas sobre as motivações dos voluntários, existe também a opinião de que os comportamentos e atitudes são susceptíveis de mudar durante a viagem e durante a colocação, e os voluntários seguirão os seus "motivos altruístas intrínsecos, independentemente do seu comportamento fora do período de voluntariado" (Mustonen, 2005, p.115).

## 1.4 Geografias do turismo voluntário

É difícil apresentar um número exato de voluntários no estrangeiro. A razão para isso está na rápida expansão da indústria do turismo voluntário, que inclui as iniciativas individuais e o desenvolvimento de muitas agências mais pequenas, bem como as globalmente conhecidas que oferecem experiências de voluntariado de curta duração. Por conseguinte, esta investigação utilizará dados do *Relatório Oficial de Voluntariado no Estrangeiro de 2012* (Boyer, 2014) para construir uma imagem dos destinos de voluntariado mais desejáveis através de pesquisas em linha. Não é surpreendente que os países mais populares pertençam a regiões em desenvolvimento, onde a Índia, a África do Sul, a Tailândia e o Haiti estão no topo da lista. Apesar das diferentes localizações, o relatório indica tendências semelhantes que caracterizam estes países, como os legados pós-coloniais, a pobreza e a desigualdade. De igual modo, os dados da Volunteers Magazine (2014) também indicam as mesmas tendências nos destinos comuns de voluntariado, onde os mais populares são a Índia, o Nepal e a Tailândia, seguidos da África do Sul, Peru, Gana, Tanzânia e Quénia. A atração mais popular para o voluntariado no Quénia é priorizada e enfatizada pela "vida selvagem, cultura e paisagens incríveis" e "terras rurais Maasai com tribos étnicas" (Volunteer Magazine, 2014). Em vez disso, esta investigação pretende concentrar-se nos diferentes ambientes favorecidos pelas escolhas dos voluntários e, especificamente, nas crescentes atividades de turismo voluntário no bairro de lata de Kibera, na área de Nairobi.

## 1.5  O Quénia e o legado pós-colonial

O Quénia fica do outro lado do equador, na costa oriental de África, com uma população de mais de 45 milhões de habitantes. A rica história do país remonta à Idade da Pedra e possui o maior e mais completo testemunho mundial do desenvolvimento cultural da civilização (Nações Unidas, 2011). No entanto, apesar do seu rico património, o país passou por períodos de intrusão de imigrantes islâmicos e portugueses, bem como por décadas de domínio colonial britânico, de 1890 a 1963, que tiveram um impacto duradouro no desenvolvimento do país e, por conseguinte, só podem ser explicados e compreendidos através de uma reflexão sobre a sua experiência colonial (Ndege, 2009, p.8).

O desafio da independência foi a procura da democracia e da estabilidade política, bem como do desenvolvimento económico e da igualdade. O Quénia, em comparação com outros países da África Subsariana, tem sido relativamente estável do ponto de vista político e desenvolvido do ponto de vista económico. No entanto, é reconhecida a falta de oportunidades de desenvolvimento e crescimento a uma escala global. A razão para este facto, como Nulty indicou, é o domínio de políticas coloniais persistentes que definem as iniciativas de crescimento interno e o investimento internacional (Nulty, 2012, p.100). Este autor argumenta que as políticas pós-coloniais quenianas não diferem muito das coloniais, o que também poderia ser explicado pelo domínio do pessoal europeu na esfera comercial e política muito depois do domínio britânico (Nulty, 2012, p.100). As implicações do legado colonial são evidentes na formação social pós-colonial do Quénia como "uma mistura desconfortável de estruturas económicas pré-coloniais, coloniais e globais" (Ndege, 2009, p.8). O colonialismo deixou para trás uma economia subdesenvolvida com elevados níveis de desenvolvimento desigual e dependência externa e vulnerabilidade dos antigos Estados coloniais (Zeleza, 2010, p.8). A longa história de dependência dos países em relação à ajuda externa, em particular, ofuscou o potencial acesso a oportunidades de mercado (Ihleb^k, 2006, p.22), uma vez que as relações formadas na época colonial entre as elites quenianas e os Estados ultramarinos ainda determinam os resultados da autossuficiência e do progresso social. Dambisa Moyo (2009) argumenta que muitos governos e povos africanos se tornaram viciados na ajuda externa. Desenvolveram uma dependência e não conseguem imaginar as suas vidas sem a ajuda externa. Os governos locais estão presos nesta armadilha, pelo que não procuram formas progressivas e mais transparentes de aumentar os fundos de desenvolvimento. A este respeito, Moyo compara este tipo de ajuda a um "penso rápido" que proporciona um alívio imediato, mas não contribui para um crescimento sustentável a longo prazo (Moyo, 2009).

A política colonial de segregação racial, em que as zonas residenciais e comerciais estavam divididas entre europeus, asiáticos e africanos, influenciou a urbanização desigual no Quénia, em especial nas zonas circundantes de Nairobi. Após a independência, em 1963, as políticas do regime colonial foram substituídas e as pessoas puderam circular livremente. A implicação deste facto traduziu-se num desenvolvimento urbano desequilibrado (Ngau, 2013, p.3), uma vez que as massas de pessoas se deslocaram para as cidades em busca de trabalho. A migração urbana resultou na necessidade de abrigos de baixo custo, o que levou ao desenvolvimento de cerca de 200 bairros de lata (IRIN: humanitarian news and analysis, 2014) com alta densidade, facilitando a vida a mais de metade da população de Nairobi (Wesolowski e Eagle, 2010, p.103).

## 1.6  Bairro de lata de Kibera

O bairro de lata é uma zona urbana densamente povoada caracterizada por condições de vida difíceis que se manifestam em diferentes formas de privação - material, física, social e política. As condições dos bairros degradados são definidas pelas Nações Unidas [ONU] como a falta de uma das condições básicas: habitação duradoura, espaço de vida suficiente, acesso a água potável, saneamento adequado e segurança (UNHabitat, 2006, p. VI). [th]Na última década do século XX, o número de bairros de lata em todo o mundo aumentou drasticamente, tornando-se um motivo de grande preocupação para as organizações humanitárias.

Historicamente, Kibera era uma reserva militar formada com o objetivo de facilitar a construção da linha ferroviária do Uganda no início do século XX.[th] Depois da Segunda Guerra Mundial, foi atribuída como assentamento temporário ao povo núbio, que tinha servido nos Rifles Africanos do Quénia [KAR] e, em 1992, o assentamento, composto por 12 aldeias, foi transferido para as autoridades locais (UN-Habitat, 2014).

O bairro de lata de Kibera é o maior aglomerado informal do Quénia e o segundo maior de

África (de acordo com Marras (2008) - o maior bairro de lata do mundo), com uma população de mais de um milhão de pessoas. Até à data, não existe um número fiável, mas apenas uma estimativa gerada a partir de dados de várias organizações e agências sem fins lucrativos, com o objetivo de fornecer a base para a implementação de novos projectos de desenvolvimento. À medida que a população cresce e a migração urbana continua, os problemas da pobreza urbana - alta densidade e serviços básicos deficientes - são uma realidade gritante. As condições ambientais degradadas, a esperança de vida reduzida, a nutrição inadequada, a incapacidade de aceder a serviços médicos e a uma educação adequada, a falta de habitação apropriada e a crescente vulnerabilidade ao VIH/SIDA, bem como a crescente insegurança e criminalidade devido à pobreza generalizada, são algumas das caraterísticas das condições de vida nos bairros degradados (UN-Habitat, 2005, p.4). Existem cerca de 200 Organizações Não Governamentais (ONG) locais e internacionais a operar no bairro de lata (Barcott, 2000, p.13), prestando serviços básicos de educação, assistência médica e promovendo a sensibilização para a SIDA na comunidade. No entanto, a falta de transparência na gestão de muitas destas organizações é vista como um aspeto negativo que diminui a importância do objetivo principal de beneficiar a comunidade.

Com um rendimento médio de menos de um dólar por dia, Kibera é vista como uma das zonas mais pobres do Quénia. O acesso deficiente e inadequado aos serviços básicos é um "vestígio enfático das realidades do crescimento urbano em África", conclui Ngau (2013, p.3). De facto, a pobreza é o fator de atração para os turistas e voluntários ocidentais que fazem do bairro de lata de Kibera um "novo safari" (Osman, 2014).

## 1.7 Quem ganha mais?

O destino - bairro de lata - é um novo fenómeno que atrai cada vez mais voluntários de países desenvolvidos. Muitos investigadores relacionam-no com o turismo em bairros degradados -

uma indústria em crescimento dentro da indústria do turismo voluntário. Que valor real oferecem os turistas voluntários aos seus anfitriões?", pergunta Sin no seu estudo (2009, p.440). Muitas vezes, as opiniões divergem sobre a necessidade e a ética das colocações de voluntários a curto prazo nos bairros de lata, por oposição às colocações a longo prazo, que têm um maior potencial benéfico. Assim, coloca-se a questão de saber quem retira a maior parte dos benefícios dos programas de curta duração - os voluntários, as comunidades de acolhimento ou as organizações de envio e receção. Sherraden, Lough e McBride (2008, p. 397) argumentam que os resultados para os voluntários, as comunidades de acolhimento e as organizações de envio diferem em função das capacidades individuais e dos objectivos estabelecidos pelos projectos de voluntariado e das expectativas de atingir esses objectivos da forma mais benéfica. Espera-se que a implementação e execução bem-sucedidas de projectos de curta duração promovam uma compreensão intercultural e uma consciência das normas culturais e das necessidades da comunidade. No entanto, existe também a opinião de que os estágios de curta duração são concebidos para recompensar um turista voluntário e que o benefício para a comunidade de acolhimento, em particular, é menos claro (Raymond e Hall, 2008, p.533; Sherraden et al., 2008, p.398).

Os resultados potencialmente positivos da intervenção do turismo voluntário poderiam ser vistos como uma contribuição para a saúde, a educação e os serviços sociais, mas, ao mesmo tempo, há indícios de que a população local estaria apta a preencher essas posições e os voluntários apenas deslocam os trabalhadores locais (Sherraden et al., 2008, p.397). Alguns membros da comunidade local beneficiam do acolhimento de voluntários, o que poderia ser classificado como um resultado positivo, mas Sin (2009, p.498) chama a atenção para as crescentes desigualdades no seio da sociedade local decorrentes do financiamento de parceiros locais nas comunidades de acolhimento. As opiniões variam quanto a um benefício efetivo para as comunidades de acolhimento. Barcott (2000, p.13) analisou as atitudes da população local em relação às actividades das ONG no bairro de lata de Kibera. A investigação indicou muitos casos em que as pessoas não sabiam nomear nenhuma das organizações e, mais ainda, expressaram hostilidade em relação às agências de ajuda. Alguns inquiridos expressaram a opinião de que "eles *(ou seja,* as ONG) não se preocupam com as pessoas em Kibera; utilizam os nossos problemas para seu próprio lucro" (Barcott, 2000, p.13). De Feyter (2011, p. 39) também indicou que a falta de transparência é um problema grave no bairro de lata de Kibera, quando as organizações locais usam nomes de membros locais para atrair o financiamento, no entanto, este dinheiro não "escorre" para a comunidade. A razão para isto, argumenta Ihleb^k (2006, p.22), é que não é suposto os investidores ou doadores intervirem, o seu papel é ocultado pelo facto de "não terem qualquer papel", ou seja, fornecem financiamento, mas não é suposto terem qualquer interesse num resultado. Por conseguinte, a importância dos benefícios para as comunidades é ignorada para se concentrar na obtenção de financiamento dos investidores internacionais. Além disso, as conclusões de investigações anteriores realizadas no bairro de lata indicam que as agências e organizações locais receiam perder um doador estrangeiro, pelo que, muitas vezes, criam projectos de que a comunidade não necessita e dos quais não beneficia (De Feyter, 2011, p.41). Consequentemente, o estudo sugere que esta situação cria um conflito, quando o foco é o acesso financeiro em vez de um plano de investimento progressivo e o possível benefício para a comunidade local.

## 1.8 Conclusão

O ato de voluntariado é uma "experiência interactiva direta entre o voluntário e o anfitrião" (Mustonen, 2005, p.116). Espera-se que esta interação mútua deixe algum tipo de influência em ambas as partes; por conseguinte, um debate deve concentrar-se nas experiências dos voluntários e das comunidades de acolhimento. Tendo em conta a crescente popularidade do turismo voluntário, reconhece-se a falta de um debate válido. Embora existam numerosos estudos destinados a examinar as experiências dos voluntários e as razões da sua participação, "a investigação académica sistemática nesta área ainda está a dar os primeiros passos" e a falta de compreensão fundamental é evidente (Lyons, Wearing e Benson, 2009, p.270). medida que aumenta o número de pessoas interessadas no voluntariado e se expandem as agências que proporcionam férias de voluntariado, o foco deste estudo será a perceção da comunidade de acolhimento sobre o papel do voluntariado internacional. A investigação sobre este fenómeno em particular é muito limitada, pelo que, como defende Sin (2009, p.481), há necessidade de investigações adicionais que permitam uma maior compreensão desta prática - tanto nos seus aspectos positivos como negativos.

Sugere-se que a investigação que envolve as comunidades anfitriãs pode proporcionar conhecimentos e compreensão valiosos dos pontos de vista e experiências desenvolvidos pela interação entre voluntários e membros das comunidades locais (Raymond e Hall, 2008, p.541). O presente estudo procurará abordar esta questão de lacuna nesta matéria específica através da realização de entrevistas com membros da comunidade local em Kibera. Com o objetivo de refletir detalhadamente sobre as experiências desenvolvidas pelas pessoas em Kibera através da interação transcultural, esta investigação procurará responder à seguinte questão - quais são as percepções da comunidade de acolhimento sobre o papel do voluntariado internacional no bairro de lata de Kibera, em Nairobi?

# CAPÍTULO 2. MÉTODO

O objetivo desta investigação era explorar a perceção da comunidade de acolhimento sobre o papel do voluntariado internacional no bairro de lata de Kibera, em Nairobi. Esta secção explicará a forma como um determinado objetivo foi alcançado através da escolha de uma conceção de investigação e de um método de recolha de dados específicos, selecionando critérios para a escolha dos participantes. Apresentará também o procedimento da investigação e discutirá quaisquer questões éticas relacionadas com este estudo.

## 2.1 Conceção

O desenho da pesquisa qualitativa foi escolhido como a abordagem mais apropriada e naturalista para investigar e compreender as opiniões da comunidade sobre assuntos específicos dentro do seu próprio ambiente social. Consequentemente, ao utilizar o desenho de investigação qualitativa, este estudo teve como objetivo obter uma visão mais profunda das experiências da comunidade de acolhimento com voluntários estrangeiros e também aprender sobre a vida no bairro de lata e os desafios que os habitantes têm de enfrentar. Ao adaptar a conceção de investigação qualitativa, esperava-se também obter uma interpretação detalhada, informativa e explicativa dos significados sociais dos participantes; como se vêem a si próprios no seio da comunidade e como se relacionam com a sociedade à escala global, através da "reapresentação do seu mundo social" (Snape e Spencer, 2010, p.5).

Para obter esta informação, foram selecionadas entrevistas semi-estruturadas como o instrumento mais adequado para proporcionar "uma oportunidade de investigação detalhada sobre as perspectivas das pessoas" e uma compreensão aprofundada de um contexto pessoal que fornece a base para as suas opiniões. Em conformidade, Richie (2010, p. 36) indicou que o contacto estreito entre o investigador e o participante contribui para a consecução dos objectivos da investigação, especialmente se exigir a compreensão de questões "profundamente enraizadas" e "delicadas" (Ritchie, 2010, p. 36). Por conseguinte, a natureza flexível das entrevistas semi-estruturadas foi reconhecida como um instrumento adequado para proporcionar uma oportunidade de exploração detalhada das circunstâncias pessoais dos participantes na investigação em relação ao tema deste estudo (Lewis, 2010, p. 58).

## 2.2 Participantes

A amostragem intencional ou a amostragem baseada em critérios foi utilizada para identificar os potenciais participantes na investigação. Este tipo de amostragem, tal como indicado por Silverman (2010, p.141), exige um pensamento crítico para escolher os critérios mais adequados a um determinado caso. Tendo isto em consideração, uma amostra de 7 indivíduos foi convidada a participar nesta investigação. Um dos critérios de seleção dos entrevistados baseou-se na sua experiência com os voluntários estrangeiros. Alguns dos participantes estavam envolvidos através do seu ambiente de trabalho, outros eram anfitriões de voluntários, e outros estavam mais envolvidos a nível de planeamento e gestão. Nalguns casos, as funções dos participantes na investigação sobrepunham-se, pelo que se esperava que houvesse uma base para opiniões de diferentes pontos de vista. O segundo critério de amostragem baseou-se nos conhecimentos dos participantes sobre os desafios do bairro de lata e nas suas próprias experiências de vida no bairro de lata. Esperava-se que o facto de 5 dos 7 participantes terem vivido no bairro de lata numa determinada fase das suas vidas e de 2 deles ainda lá residirem fornecesse uma descrição interpretativa e rica do local.

A idade dos participantes variava entre os 23 e os 45 anos. Dois dos participantes mais velhos estavam envolvidos em várias ONG e OBC (Organizações de Base Comunitária), pelo que se esperava que contribuíssem para uma perspetiva mais profissional ou "especializada" das questões existentes.

## 2.3 Procedimento

Para recolher os dados, foram realizadas entrevistas semi-estruturadas na zona de Kibera e Nairobi em janeiro de 2015. As entrevistas tiveram lugar em vários locais previamente combinados, incluindo as casas dos participantes, cafés e escritórios. Os primeiros minutos são considerados cruciais para estabelecer uma boa relação entre o investigador e o participante (Legard, Keegan e Ward, 2010, p.145), pelo que a preparação e a chegada a horas foram essenciais para uma primeira impressão positiva. A importância de um estilo de vestuário adequado foi tida em consideração de acordo com as normas culturais e as crenças religiosas dos quenianos. Além disso, foram aprendidas e utilizadas saudações e frases simples numa língua local suaíli, a fim de estabelecer uma relação e iniciar uma "conversa com o objetivo" (Burgess, 1984, p.102).

Os participantes foram informados sobre o objetivo da investigação, foi-lhes assegurada a confidencialidade e foi-lhes também pedida autorização para utilizar um ditafone. Nalguns casos, era evidente que o aparelho de gravação causava desconforto aos participantes e estes perguntavam se podiam ouvir a entrevista. O investigador teve de garantir aos participantes que poderiam fazê-lo se preferissem e que, se pedissem para apagar a entrevista ou alterar alguma coisa, isso não seria um problema. Esta garantia ajudou a ultrapassar o seu sentimento de desconforto.

Logo na primeira fase da entrevista, foi pedido aos participantes que dissessem algo sobre si próprios ao investigador. A maioria dos participantes incluiu nesta informação a sua situação familiar, idade e descrição do trabalho. Seguiu-se a introdução das principais questões ou tópicos de investigação, complementada por perguntas de seguimento e sondagens que surgiram à medida que a entrevista avançava. Foi dada ênfase à necessidade de evitar a utilização de perguntas fechadas e de carácter condutor, tendo sido utilizadas perguntas abertas. No final da entrevista, foi perguntado aos participantes se gostariam de acrescentar algo que não tivesse sido discutido, mas que, na sua opinião, tivesse alguma importância e valor. Os entrevistados foram agradecidos por terem participado nesta investigação e alguns deles perguntaram se poderiam obter uma cópia do estudo após a sua realização.

A duração das entrevistas foi de 20 a 30 minutos. As entrevistas foram realizadas em inglês, que é uma segunda língua oficial no Quénia. De um modo geral, as pessoas falavam fluentemente inglês, mas por vezes era necessário reformular a pergunta para facilitar a compreensão e a resposta. Em algumas ocasiões, os sotaques também contribuíram para dificultar a compreensão, pelo que foi necessário que o investigador repetisse claramente uma palavra ou reformulasse uma frase. Outro problema ocorreu na fase final da investigação, quando os dados de uma entrevista foram acidentalmente apagados. Por conseguinte, foi pedido a um determinado membro da investigação que fizesse uma entrevista pela segunda vez. Felizmente, o participante concordou em fazê-lo.

A análise temática foi utilizada para identificar, analisar e comunicar padrões nos dados. As vantagens da análise temática residem no facto de poder ser utilizada em diferentes enquadramentos para responder a diferentes tipos de questões de investigação, especialmente relacionadas com as experiências, opiniões e percepções das pessoas (Braun e Clarke, 2006, p.79). O software NVivo 10 foi utilizado para organizar os dados e auxiliar a análise temática.

### 2.4 Considerações éticas

A principal caraterística da investigação qualitativa é o contacto com "sujeitos humanos no terreno" (Silverman, 2010, p.152), pelo que as orientações éticas têm de ser consideradas. Há uma série de princípios que se aplicam a todas as investigações, por exemplo - participação voluntária e direito de se retirar, confidencialidade, avaliação dos potenciais riscos e benefícios para o participante, obtenção de consentimento informado e não causar danos ao participante (Silverman, 2010, p. 154).

De acordo com a Sociological Association of Ireland's [SAI] (2015), o objetivo das orientações éticas é sensibilizar para possíveis questões e conflitos de interesses que possam surgir durante a realização de uma entrevista.

O respeito pela pessoa é um princípio fundamental que se centra na igualdade de tratamento de cada indivíduo, respeitando os seus valores, atitudes e opiniões. Este princípio visa promover a igualdade entre vários grupos sociais e não tolera a discriminação com base na idade, género, sexualidade, etnia e raça, etc. (SAI, 2015). Considerando que esta investigação foi realizada no Quénia, a importância deste princípio foi reconhecida e foi mantida uma forma sensível às diferenças culturais.

A dificuldade potencial desta investigação foi vista na obtenção de perspectivas honestas e subjectivas na avaliação do voluntariado internacional. A razão para isto foi o facto de os membros desta investigação poderem sentir-se em desvantagem ou intimidados ao serem entrevistados por um cidadão ocidental branco. Este facto foi considerado crucial, uma vez que os participantes poderiam também associar um "voluntário branco" ao entrevistador. A explicação clara do objetivo da entrevista foi reconhecida para evitar confusão e o sentimento de serem "enganados", uma vez que as suas expectativas de envolvimento poderiam não ser satisfeitas de uma forma benéfica imediata como esperavam. No entanto, reconhecendo as dificuldades que algumas pessoas podem ter enfrentado, foram oferecidos pequenos presentes práticos aos entrevistados, em alguns casos apenas após a entrevista, para que os participantes não se sentissem obrigados a participar contra o seu "juízo inicial" (Silverman, 2010, p.171).

Foi escolhido um ambiente seguro para garantir o bem-estar dos participantes. Todos os participantes foram informados de que a sua participação neste estudo é da sua livre escolha e que podem desistir em qualquer altura, se assim o desejarem. Foram também informados sobre a natureza deste estudo e a importância da sua contribuição honesta para o mesmo. A confidencialidade dos participantes foi garantida através da alteração dos seus nomes verdadeiros e do não fornecimento de quaisquer dados pessoais descritivos. Antes das entrevistas, foi entregue a cada participante uma carta de consentimento informado com os dados de contacto do investigador e do supervisor, para ser assinada. No entanto, a assinatura do formulário de consentimento informado levantou preocupações e suspeitas nalguns casos. A carta foi cuidadosamente examinada e só depois de uma explicação pormenorizada é que os participantes concordaram em assiná-la. Esta dificuldade foi reconhecida numa aplicação de princípios éticos da cultura ocidental a outra cultura não ocidental. Por conseguinte, Silverman (2010, p.161) salientou que é muitas vezes difícil fazê-lo sem qualquer modificação.

O potencial desafio de avaliar os dados das entrevistas foi reconhecido à luz do envolvimento anterior do investigador com projectos de voluntariado em África. A fim de alcançar a maior transparência possível neste estudo, foi reconhecido o distanciamento entre as questões e opiniões discutidas e as próprias experiências e juízos do autor.

# CAPÍTULO 3. RESULTADOS

O objetivo desta investigação foi explorar a perceção da comunidade local sobre o papel do voluntariado internacional em Kibera. A interpretação dos dados levou à identificação de quatro temas: voluntários - esperança quando "os locais não se incomodam"; voluntários e o valor do seu trabalho; papel da organização de envio; e expectativas - dependência.

## 3.1 Voluntários - esperança quando "os locais não se incomodam

Kibera é um lugar de contrastes e extremos completos, onde o desespero das pessoas pela sobrevivência e as perspectivas sombrias de um futuro melhor são, em muitos casos, as principais caraterísticas da vida quotidiana. Apesar de toda a informação disponível associada ao bairro de lata de Kibera, como a pobreza, o desemprego e o VIH, é impossível estar preparado para a sua dimensão. A zona "rodeada de mau ambiente, poluição, esgotos por todo o lado e cheiros" (Tabitha) revela a amarga realidade de condições de vida desumanas.

A vida em Kibera é muito dura e difícil", reconhece Tabitha. As questões que os habitantes têm de enfrentar são muito mais complicadas e graves do que as sociedades ocidentais podem imaginar - "só as necessidades básicas são problemáticas" (Vendy). A zona está sobrepovoada, o que leva a condições de habitação inadequadas. A constante falta de água e as instalações sanitárias inadequadas levam a que as ruas fiquem inundadas de esgotos que contaminam a água, facilitando o desenvolvimento e a propagação de várias doenças e infecções. As pessoas estavam bem conscientes das suas condições de vida desfavoráveis e eram unânimes nas suas opiniões ao identificar esses desafios. Por exemplo, Vendy indicou

> Os principais desafios são a saúde, as crianças, a habitação e a falta de instalações sanitárias adequadas. A maior parte das pessoas não tem emprego, há uma elevada taxa de casos de VIH, as mães solteiras nem sequer têm dinheiro para levar os filhos à escola.

É difícil destacar ou dar prioridade a um problema específico, porque todos eles estão interligados e exigem frequentemente abordagens múltiplas. Vejamos, por exemplo, o caso da habitação, tal como Caplin descreveu:

> A família vive num quarto - pai, mãe e filhos, por vezes até 6 crianças num quarto... as crianças aprendem e vêem coisas que não são muito boas (...) muitas vezes as crianças não continuam a estudar (...) mais tarde é um desafio encontrar um emprego para elas.

Estas condições de vida e esta densidade levam as crianças para a rua, onde são expostas a comportamentos anti-sociais - drogas, changaa (álcool barato) e prostituição - que resultam em gravidezes indesejadas e, em muitos casos, em abortos ilegais.

> A vida é má, especialmente para os jovens; os rapazes metem-se na droga, as raparigas são violadas, prostituídas, roubadas. Por isso, há muitas coisas em Kibera que gostaríamos que não existissem no futuro (...) Desejo especialmente para os jovens. (Vendy)

Muitas pessoas reconheceram a existência de uma ligação entre os seus problemas no passado, a sua situação atual e as oportunidades futuras. Reconheceram que se trata de um ciclo e que é provável que "nunca mais apareçam" (Mercy). Muitas vezes, esta noção é traduzida por uma fé, desespero e descrença nas suas próprias capacidades. Por exemplo, Caplin indicou que 'as pessoas nos bairros de lata não são capazes de cuidar do seu destino', pelo que é necessário que as organizações internacionais e os voluntários ajudem a resolver os problemas porque 'os locais não se incomodam' (Vendy).

Em Kibera, não existem clínicas ou hospitais públicos. Atualmente, os principais prestadores de cuidados são grupos religiosos e organizações de caridade locais e internacionais. As conclusões indicaram que as pessoas locais não tinham muitos conhecimentos sobre as organizações de ajuda que operam no bairro de lata, mas foram capazes de indicar áreas. Por exemplo, Mercy reconheceu que: Não os conheço muito bem, mas sei que são sobretudo eles que dão escolas às crianças', ou

> Algumas organizações médicas, formando e educando pessoas, missionários que trabalham nas escolas, conhecidas como escolas católicas, estão sob a alçada da Igreja Católica. Ajudam a alimentar as crianças, pagam salários e dão apoio médico. (Perez)

Em geral, o voluntariado internacional, como Faith explicou, tem estado presente em Kibera desde a sua independência, e "o objetivo era colmatar o fosso entre o Ocidente e o Quénia após a colonização". Por conseguinte, o voluntariado internacional foi visto como uma esperança para melhorar os serviços de saúde e as oportunidades de educação em particular, em oposição aos "próprios quenianos que não pensam que o voluntariado seja algo valioso, pensam apenas que devem ser pagos por tudo", concluiu Vendy. A educação é vista como uma área chave que precisa de ser focada, especialmente no que diz respeito à educação das mulheres.

> As raparigas - a educação das raparigas é por vezes arruinada; casam aos 14 anos; têm muitos filhos (...) por isso precisamos de escolas e liceus para as raparigas. (Mercy)

ou

> Por exemplo, agora é janeiro, muitas crianças têm de voltar à escola, mas os pais não têm dinheiro para pagar as propinas. Acabam, especialmente as raparigas, por não ir à escola, acabam por ter casamentos precoces, gravidezes precoces. (Perez)

Para além dos cuidados de saúde e da educação, foi também identificada a necessidade de lares para pessoas com deficiência e idosos. Há muitos casos em que a geração jovem faleceu devido ao VIH e à SIDA e deixou para trás filhos pequenos e pais idosos que 'não têm para onde ir' (Mercy). As conclusões indicaram a importância de ensinar microeconomia ou microfinanças, ou outras competências práticas que são necessárias para capacitar as pessoas locais, "para que possam cuidar de si próprias" (Caplin) e gerar um rendimento extra. Por conseguinte, a ajuda internacional e os voluntários são valorizados em Kibera, pois são vistos como uma esperança para atingir estes objectivos.

> A maioria das organizações locais não tem muito pessoal nem muito conhecimento porque não recebem formação adequada. E é muito importante ter pessoas de fora, que possam ver as coisas de uma perspetiva diferente e que possam fazer mudanças. (Vendy)

Os resultados também indicaram um aspeto positivo da presença de voluntários internacionais como consumidores na zona. Por exemplo, Caplin explicou: "há uma zona de mercado em alta, que não precisa de voluntários, mas quando gastam uma libra faz uma grande diferença".

## 3.2 Os voluntários e o valor do seu trabalho

Kibera é um destino muito popular para os voluntários internacionais. A duração do voluntariado varia, dependendo dos objectivos pessoais, das competências e do projeto. As pessoas locais são muito acolhedoras e ficam sempre felizes por cumprimentar os recém-chegados, pois acreditam que estas pessoas vieram para os ajudar e tornar as suas vidas mais fáceis. Penso sempre que somos abençoados, porque vocês vêm ajudar-nos", admitiu Mercy. Em apoio a esta noção, Perez reflectiu:

> Eles sabem que as pessoas são pobres, não são ricas, querem ajudar (...) por isso, a principal razão pela qual estão a vir é porque querem ajudar, especialmente em Kibera.

Além disso, Faith falou de um sentimento de obrigação quando o voluntário 'sente que tem de retribuir à sua sociedade e a melhor maneira é mesmo vir para África e fazê-lo'. Também foi sugerido que as pessoas podem vir fazer voluntariado em África para compensar as suas próprias deficiências na vida. Por exemplo, Vendy reflectiu:

Pela minha experiência, especialmente os voluntários com crianças, que não têm filhos, sentem que têm algo para dar (...) e estas crianças têm falta de muitas coisas - também de educação, que é um direito das crianças.

Ao avaliarem o trabalho dos voluntários, as opiniões foram diferentes, pois reflectiram sobre diferentes experiências. Apesar do facto de "termos de apreciar (...) o facto de eles devolverem essa percentagem do seu tempo" (Fé), houve experiências que nem sempre foram tão positivas. Ocasionalmente, os voluntários não terminaram os seus projectos porque não estavam bem preparados para o que iriam ver e, muitas vezes, "alguns precisam de assistência devido ao choque que encontraram no bairro de lata" (Sally), ou "não fazem um bom trabalho porque impõem a sua ideologia às comunidades e isso nunca fica bem e nunca traz quaisquer benefícios" (Faith).

Os resultados também indicaram que houve casos em que os voluntários "vêm apenas tirar-nos fotografias" (Tabitha) e pensam que "são especiais" (Caplin), que são "a estrela" (Sally) e demonstram que são melhores:

Algumas pessoas são simpáticas, outras não são simpáticas *(ou seja,* não são sociais). Às vezes vêm, vêem como os africanos são pobres e pensam que são melhores. (Perez)

ou

Alguns entram na escola, apertam a mão às crianças e vão limpar as mãos. (Sally)

A duração do voluntariado não reflecte necessariamente a qualidade ou os benefícios do seu trabalho. Foi indicado que o valor do seu trabalho depende mais da personalidade do voluntário e dos seus próprios objectivos subjectivos. Por vezes, os voluntários de curto prazo são mais dedicados, enquanto os voluntários de longo prazo se sentem demasiado confortáveis e esquecem a sua motivação inicial e "não sabem ao certo porque é que estão ali" (Faith). Claro que também acontece os voluntários de curta duração virem trabalhar para uma escola, mas "não sabem estar perto das crianças (...) podíamos passar sem eles", disse Tabitha.

As opiniões variaram em termos de um benefício efetivo do voluntariado no bairro de lata, uma vez que se torna "muito difícil ver ou sentir o impacto que é criado porque há muita concentração" (Fé) e "talvez a ajuda não tenha qualquer impacto" (Misericórdia). Muitas vezes, o benefício estava associado a coisas tangíveis - como dinheiro, roupa, comida e outros bens - e, frequentemente, as experiências interculturais não eram suficientemente realçadas. Por exemplo, Sally explicou:

> Alguns voluntários dão o dinheiro ou gostam de dar algo tangível que possa beneficiar o centro ou a escola. Alguns - não querem dar o dinheiro (...) se é o prato que precisam - vão comprar o prato. Há crianças que precisam de uniforme, vão comprar o uniforme para dar às crianças carenciadas.

Compram livros e distribuem-nos às crianças.

No entanto, Faith indicou a importância de um benefício intangível "em termos de mudança de atitude, de mudança de atuação". Os voluntários, mesmo estando na escola, interagindo com as crianças, encorajando-as a falar e a aprender inglês, melhoram o seu desempenho académico e "aprendem sempre alguma coisa com o voluntariado" (Sally).

Ao mesmo tempo, há que reconhecer o benefício para o voluntário, especialmente em termos do percurso emocional. Por conseguinte, é discutível quem ganha mais - o voluntário, toda a comunidade ou apenas um determinado membro da comunidade. No entanto, as interações positivas são essenciais para alcançar os melhores resultados para todas as partes.

> É importante que venham aprender e trabalhar com a comunidade local, que falem com a comunidade local, que as pessoas gostem de falar com os voluntários, especialmente as crianças que gostam de cumprimentar os brancos. É importante ser social e comunicar com as pessoas, fazer perguntas. (Caplin)

Para estabelecer uma boa relação com a população local, o voluntário precisa de ter uma mente aberta e flexibilidade. Kibera é o local onde os voluntários não podem ir com uma "mente fixa", têm de estar abertos a surpresas para evitar quaisquer "maus sentimentos" (Fé).

### 3.3 Papel da organização de envio

A organização de envio e de receção ou os agentes individuais podem desempenhar um papel importante na satisfação geral e no benefício tanto para o voluntário como para a comunidade de acolhimento. Se a participação do voluntário for bem organizada, isso refletir-se-á no seu nível de motivação. Concentrem-se nas competências, nas competências que têm e no trabalho que estão a fazer, a comunicação entre eles é importante", sublinhou Vendy. Por outro lado, se os voluntários não tiverem sido preparados para a viagem, esta pode tornar-se muito difícil, uma vez que não sabem exatamente qual é o seu papel ou o que lhes é exigido.

> Torna-se muito difícil para os voluntários, por causa das condições, e eles não sabem exatamente como se devem relacionar e o que devem fazer por causa das condições. (Fé)

A coordenação dos voluntários é muito importante, tem de ser planeada e estruturada adequadamente, de modo a que as pessoas com as competências adequadas scjam afcctadas de acordo com as metas e os objectivos do projeto. No entanto, nem sempre foi esse o caso, e os voluntários desmotivam-se devido à falta de instrução antes da chegada e também no terreno. Isto tem sido evidente especialmente em projectos mais pequenos, quando um voluntário "chega e vê que ninguém se incomoda" (Vendy). Assim, Vendy prosseguiu a sua argumentação:

> Os voluntários vêm, nunca estiveram aqui antes, a gestão dos voluntários é importante, é preciso perceber que estas pessoas estão aqui para ajudar e fazer uma diferença positiva. É necessário um planeamento adequado em termos do que se pretende alcançar no terreno. O planeamento é muito importante. As organizações

devem fazer este planeamento, por exemplo, o estudante no terreno chega, não faz nada (...) tem de ser estruturado corretamente.

Pode ser uma experiência muito dramática se uma pessoa vier da Europa ou de outro país desenvolvido sem estar preparada. Ficam em choque, "alguns até começam a chorar por causa da situação que encontraram e outros decidem rescindir o contrato", recordou Sally.

Além disso, as respostas indicaram que muitas agências não fazem o seu melhor para coordenar o trabalho dos voluntários. Muitas vezes, recebem os pagamentos de um voluntário ou patrocinador, mas não contribuem para uma causa específica, por exemplo, uma escola ou uma criança em particular. A falta de transparência foi considerada como um dos principais problemas que permitem este tipo de ação. Por exemplo, Mercy referiu que: Acho que não há transparência, mas devia haver". Por conseguinte, por esta razão, o voluntariado também pode ser utilizado de uma "forma muito má", porque "não sabem nada, são apenas visitantes, eles (agentes) dizem que vão utilizar o dinheiro para uma determinada causa, mas acabam por ficar com o dinheiro no bolso", afirmou Perez. Continuando com este ponto, ela argumentou:

> É como um negócio (...) talvez te obriguem a pagar uma certa quantia de dinheiro
> para vires fazer voluntariado, dirão que vão investir na escola, ou noutro projeto,
> mas não o fazem (...) mas na escola talvez haja uma criança que esteja realmente
> a sofrer. Não é justo.

Os resultados revelaram que existe um sentimento particularmente negativo em relação aos agentes que fornecem padrinhos a certas crianças. O principal problema é que os padrinhos estão algures na Europa ou na América, pelo que não têm uma comunicação direta com a criança e não têm um conhecimento exato do local. O agente utiliza esta lacuna para seu próprio benefício e alguns deles exercem práticas muito pouco éticas. Por exemplo, Mercy explicou:

> Por vezes, pegam em alguém da rua como criança, arranjam um padrinho, mas

talvez não consigam ser mentores suficientes, por isso a criança volta para a rua - estão a ver - usam o nome da criança para reclamar o dinheiro ao padrinho. Penso que têm de fazer muito melhor. Não querem saber onde vive, o que come, não dão apoio total. Se eles orientam a criança tirada da rua, têm de a orientar totalmente - responsabilidade total, apoio total e, depois, amor total... Por vezes, reúnem crianças órfãs na zona rural, vêm para Nairobi, escrevem o que quer que seja, escrevem para arranjar um padrinho (...) e depois não voltam".

Não há dúvida de que há muitas agências que fazem o seu trabalho da melhor forma possível e com a melhor compreensão, mas foi sugerido que é útil para os patrocinadores internacionais e voluntários "acompanharem" (Perez) e verem para onde vai o seu dinheiro e como é utilizado.

## 3.4 Expectativas - dependência

Há sempre expectativas e esperanças associadas aos voluntários. Estas expectativas estão muitas vezes enraizadas na perceção de que os brancos são pessoas ricas, que "têm uma solução para todos os seus problemas" (Faith).

> Todos os voluntários, todos os brancos, têm muito dinheiro, por causa dos vossos países, do vosso estilo de vida. (Sally)

ou

> Pensam que és rico. Se vêem alguém com uma pessoa branca, pensam que tem muito dinheiro e muitos presentes. (Tabitha)

O dinheiro foi identificado como a primeira coisa que passa pela cabeça das pessoas quando vêem uma pessoa branca, uma possível especialização e as competências que os voluntários poderiam contribuir para a comunidade são consideradas como uma reflexão posterior.

> Pensam - dinheiro - porque pensam sempre que as pessoas do estrangeiro têm muito dinheiro. O dinheiro passa-lhes pela cabeça, e depois a próxima coisa seria a competência e as pessoas do estrangeiro são conhecidas pela sua competência. (Fé)

Este entendimento gera muita confusão", reconheceu Vendy, e "isso também pode ser um desafio para os voluntários, porque não se pode dar dinheiro a toda a gente" (Caplin), especialmente no bairro de lata, quando as pessoas esperam que o voluntário branco possa pagar as suas contas ou comprar presentes, etc. A perceção de que "mzungu *(pessoa branca - suaíli)* é diferente" tem sido transmitida de geração em geração. Também as crianças distinguem a pessoa branca e estendem a mão sem medo de um estranho, 'gostam de cumprimentar a pessoa branca, gostam de lhe tocar', indicou Caplin.

> Mesmo nos bairros de lata, quando vêem voluntários, pensam que são milionários (...) e quando vêm e dão alguma coisa, pensam que estas pessoas gostam tanto de nós. Não é uma questão de dinheiro, eles podem levar alguns alimentos, algumas roupas para dar às crianças e às famílias - é bom pensar na comunidade do bairro de lata, nas famílias do bairro de lata - só para levar alguma coisa. (Caplin)

No entanto, esta expetativa conduz muitas vezes ao perigo da dependência. Pode argumentar-se se o voluntariado no estrangeiro não contribui para criar a síndrome da dependência, quando as comunidades desfavorecidas dos bairros de lata esperam cada vez mais ajuda do exterior, mas não fazem muito para se ajudarem a si próprias. Por exemplo, Vendy indicou que "eles sabem que os voluntários vêm para ajudar, porque as pessoas de fora ajudam mais frequentemente do que os locais. Os habitantes locais não se incomodam".

De um modo geral, o voluntariado no bairro de lata é muito popular, sublinha Faith:

> Toda a gente quer ser voluntária e participar nestes projectos e, por isso, a população dos bairros de lata já criou dependências. Eles sabem que as pessoas virão - voluntários e pessoas locais trazem coisas. Há pessoas no Quénia que, mesmo uma vez por mês, levam coisas para o bairro de lata (...) torna-se muito complicado.

Como alternativa à ajuda material no bairro de lata, foi reconhecida a eficácia dos projectos que capacitam as pessoas, ensinando-lhes competências que podem utilizar depois para se sustentarem. Vendy conseguiu nomear um desses programas - o "projeto das avós", que oferece aulas de costura às avós de crianças órfãs.

> Assim, aprendem a coser as roupas e a gerar dinheiro com isso. Penso que isto está a ajudar muito, porque não estamos apenas a dar-vos roupa pronta, estamos a dar-lhes poder. (Vendy)

Talvez quebrar um ciclo de pobreza sem fim e melhorar as suas condições de vida seja um objetivo difícil de alcançar para muitos habitantes. Acreditam que só os brancos os podem ajudar, ao contrário dos habitantes locais que não se importam. Os resultados sugerem que mesmo o encorajamento dos brancos é mais valorizado e considerado mais eficaz.

> Podem dizer às pessoas do bairro de lata que não têm de viver ali a sua vida, que podem mudar-se se tiverem ideias. Isso pode ajudá-las a sair da pobreza. Podem vender alguma coisa, pelo menos alguma coisa que vos sustente (...) toda a gente precisa de alguma coisa para fazer, que possa trazer comida, abrigo e roupa. (Misericórdia)

A ênfase nos seus problemas foi vista como um meio de atrair mais ajuda internacional, utilizando a ligação dos voluntários "lá atrás" *(ou seja, no Ocidente).*

> Penso que quando voltarem, pensarão em ajudar muito, quando virem casas, sem água e sem casas de banho aqui; talvez encorajem outros voluntários a vir, deviam comunicar com pessoas como nós, que sabem muito mais do que os agentes, por isso, dessa forma, podem ajudar muito mais as pessoas. (Perez)

A população local tende a ser muito aberta em relação aos seus problemas e necessidades a nível pessoal e comunitário. No entanto, esta abertura foi por vezes traduzida num pedido enganador dirigido diretamente a um voluntário individual.

> Quero dizer aos voluntários que, se nós, quenianos, nos aproximarmos deles, não levem isso a peito. Uma vez veio uma voluntária e tentámos contar os problemas da escola; ela achou que estávamos a exigir dinheiro, foi dizer ao agente e foi-se embora imediatamente. (Tabitha)

Os meios de comunicação social e as tecnologias modernas também desempenham um papel na divulgação de uma mensagem sobre os problemas existentes no bairro de lata em todo o mundo, uma vez que os voluntários são encorajados a gravar vídeos e a publicá-los - para que os outros - aqueles que não podem vir, vejam como as pessoas vivem aqui (...) e alguns possam ajudar", concluiu Sally.

Os resultados mostraram em várias ocasiões a noção ou um sentido de diferenciação entre 'nós' e 'vós' ou 'nós aqui' e 'vós aí'. Por exemplo, como Mercy enfatizou:

> Ficamos sempre contentes por os ver. Tudo o que vemos é 'mzungu' *(pessoa branca - Swahili)*. O 'mzungu' é diferente. Acreditamos nos 'mzungu', porque são transparentes, não se escondem.

# CAPÍTULO 4. DEBATE

O objetivo deste estudo foi o de colmatar uma lacuna no conhecimento atual das experiências e opiniões da comunidade de acolhimento sobre o voluntariado no estrangeiro. Consequentemente, esta investigação visou explorar a perceção da comunidade de acolhimento sobre o papel do voluntariado internacional no bairro de lata de Kibera, em Nairobi. Para atingir este objetivo, foi analisada a literatura existente, com especial incidência no conceito de voluntariado, tanto no sentido histórico como contemporâneo; nas motivações e possíveis benefícios do voluntariado para os voluntários e para a comunidade de acolhimento; na história colonial e pós-colonial do Quénia; e no bairro de lata de Kibera, um dos maiores aglomerados informais de África. Foi aplicada uma metodologia de investigação qualitativa e foram realizadas 7 entrevistas semi-estruturadas. A seleção da amostra baseou-se nas experiências dos participantes com voluntários estrangeiros e nos seus conhecimentos sobre a vida em Kibera. A interpretação da análise dos dados levou ao surgimento de quatro temas principais: os voluntários como uma esperança quando "os locais não se incomodam"; os voluntários e o valor do seu trabalho; o papel de uma organização de envio; e as expectativas e dependências. Os resultados desta investigação identificaram cinco funções associadas ao voluntariado internacional: função de apoio material/financeiro; função de prestação de serviços; função de oportunidades de aprendizagem intercultural; função de ligação de Kibera ao Ocidente; e função de criação de dependência.

Os resultados deste estudo indicaram perspectivas globalmente positivas relativamente à presença de voluntários estrangeiros em Kibera e ao seu esforço para fazer a diferença, o que foi apreciado pela comunidade. A importância dos objectivos pessoais, das motivações e das qualidades individuais foram identificados como factores importantes que desempenham um papel no resultado real e na perceção da eficácia associada ao papel do voluntariado internacional. Por conseguinte, o ato de retribuir à comunidade foi considerado como um fator que contribui para o valor da imagem percebida e do papel do voluntário no estrangeiro. Assim, a investigação existente defende que os voluntários, cuja participação se baseia num sentido de dever para com a comunidade ou algum tipo de coletividade abstrata, aumentarão a sua dedicação a uma causa específica (Hustinx e Lammertyn, 2003, p.173). Os resultados sugerem que o voluntariado baseado em motivos pessoais íntimos tem potencial para ser mais gratificante tanto para a comunidade como para o voluntário. Os assuntos pessoais de uma pessoa, por exemplo, as deficiências na sua vida, manifestam-se muitas vezes num desejo de ajudar outras pessoas em circunstâncias mais desfavorecidas. Consequentemente, Sherraden, Lough e McBride (2008, p.399) defendem a ideia de que as pessoas em diferentes fases da vida têm diferentes motivações para participar, pelo que as suas próprias metas e objectivos desempenham um papel significativo no nível de dedicação para dar o seu melhor. Considerando que o voluntário é apenas uma pequena unidade dentro da grande estrutura, o impacto é sentido em menor escala e o papel de um voluntário individual como doador é restringido pelas suas próprias limitações pessoais, muitas vezes financeiras. No entanto, as conclusões sublinharam o papel do voluntário como potencial consumidor que gasta dinheiro no mercado local, proporcionando assim meios de subsistência às famílias locais através do aumento da atividade económica em Kibera. Também Sin (2009, p.498) indicou o aspeto positivo do acolhimento dos voluntários, que constitui uma importante fonte de rendimento para a comunidade.

Os resultados sublinharam a importância da presença de voluntários internacionais em termos de benefícios intangíveis em Kibera, por exemplo, as interações interculturais, a mudança de atitudes e a mudança na forma de fazer as coisas de forma diferente. O encorajamento desempenha um papel muito importante para os adultos lutarem e procurarem oportunidades e também para as crianças aprenderem e darem o seu melhor na escola. As pessoas "de fora" vêem as coisas de uma perspetiva diferente, pelo que os conhecimentos e as competências que os voluntários trazem podem ser utilizados de uma forma muito eficaz.

Do mesmo modo, a literatura existente sugere que se espera que a implementação e execução bem sucedidas dos projectos de curto prazo promovam a compreensão intercultural e a sensibilização para as normas culturais e as necessidades da comunidade. (Raymond e Hall, 2008, p.533).

Os resultados revelaram atitudes diferentes em relação às organizações de envio e de receção em comparação com os voluntários individuais. Enquanto a maioria dos inquiridos manifestou sentimentos positivos em relação à presença de voluntários estrangeiros, a atividade e as práticas reais das agências de ligação foram vistas de uma forma menos atractiva. O papel de uma organização de envio é crucial no planeamento geral e na estruturação do envolvimento dos voluntários. No entanto, os resultados mostraram que muitas organizações não preparam suficientemente o voluntário, o que leva a uma incompreensão cultural, ao choque e ao abandono do projeto. Os vários estudos apontaram a falta de preparação, a falta de assistência e a falta de responsabilidade para com a comunidade de acolhimento e o voluntário individual (Raymond e Hall, 2008, p.530; Coghlan e Fennel, 2005, p.384). Os resultados mostraram que muitas organizações internacionais de voluntariado são vistas como empresas que visam o seu próprio benefício. A comunidade local acredita que essas organizações e agências têm o potencial de fazer a diferença e desempenhar um papel mais benéfico na favela, mas muitas vezes elas têm interesses e focos muito diferentes. A falta de transparência foi vista como um grande problema que diminui o papel do voluntariado no exterior e desrespeita as necessidades da comunidade. Esta preocupação já foi analisada anteriormente por vários investigadores. Por exemplo, Coghlan e Gooch (2011, p. 714) discutem a necessidade de transformação e mudança no sector do voluntariado, que atualmente não se preocupa com as pessoas, mas utiliza os problemas das pessoas para seu próprio lucro (Barcott, 2000, p.13). As conclusões sugerem que esta situação é criada pelo facto de o patrocinador não acompanhar a forma como o seu dinheiro ou outros recursos doados para um determinado fim são investidos. O problema da responsabilização e da transparência no bairro de lata de Kibera também foi indicado por Ihleb^k (2006, p.22) e De Feyter (2011, p. 39), quando uma organização local utiliza os problemas existentes para atrair capital internacional, incluindo os voluntários que pagam taxas, mas este dinheiro não "chega" à comunidade. No contexto deste problema específico, o papel percebido do voluntariado internacional envolve a supervisão das organizações locais através de controlos contínuos sobre a forma como a sua contribuição é utilizada. Além disso, os resultados indicaram que a comunidade local acredita que só os brancos podem resolver os seus problemas e os voluntários são vistos como agentes que têm a capacidade de espalhar a mensagem pelo mundo ocidental, para que as pessoas no estrangeiro possam ver os seus problemas e ajudá-los.

Os resultados indicaram que o papel percebido de um voluntário internacional envolve a satisfação das expectativas da comunidade de acolhimento; no entanto, a satisfação dessas expectativas envolve um risco potencial de dependência. Os resultados apontaram para o facto de o voluntariado no estrangeiro desempenhar um papel no desenvolvimento da dependência no bairro de lata, quando as pessoas dependem fortemente dos presentes e donativos e, por conseguinte, não estão motivadas para lutar contra os próprios problemas. A investigação existente examina os desafios da dependência numa escala mais alargada. Por exemplo, Moyo (2009) sugere que muitos governos e povos africanos se tornaram viciados na ajuda externa. Desenvolveram uma dependência e não conseguem imaginar as suas vidas sem a ajuda externa. As pessoas estão presas nesta armadilha e, por isso, não procuram formas progressivas de gerar rendimentos. O autor compara este tipo de ajuda a um "penso rápido" que apenas proporciona um alívio imediato. Os resultados reconheceram o papel do voluntariado internacional na promoção de uma forma alternativa de ajuda, através da capacitação da comunidade local, ensinando-lhes competências que podem utilizar para se sustentarem.

Os resultados sublinharam que a duração do voluntariado não reflecte necessariamente a dimensão dos benefícios. Por vezes, os voluntários de curta duração são mais dedicados à causa e querem alcançar o máximo possível num curto período de tempo, ao contrário dos voluntários de longa duração, que muitas vezes se sentem demasiado confortáveis e esquecem a razão da sua presença. A investigação existente mostrou resultados ligeiramente diferentes, quando o papel do voluntariado de curta duração é visto como menos valioso, pouco claro (Sherraden et al., 2008, p.398) e até egoísta (Coghlan e Fennel, 2005, p.384).

Os resultados indicaram a importância dos meios de comunicação social e das tecnologias que podem ajudar as histórias dos voluntários com imagens e mensagens visuais sobre a vida e os desafios em Kibera. Os meios de comunicação social foram reconhecidos como uma ferramenta poderosa que é utilizada para atrair a atenção e procurar assistência a nível internacional. Muitas vezes, os voluntários são encorajados a tirar fotografias e vídeos e a publicá-los em linha, para que as pessoas "do outro lado" possam ajudar. Considerando que os meios de comunicação social são um fenómeno relativamente novo nos bairros de lata, a investigação relacionada com esta matéria é muito limitada. Por conseguinte, os resultados identificaram a necessidade de mais investigação para explorar o papel dos meios de comunicação social e os seus impactos na comunidade do bairro de lata de Kibera.

**4.1 Limitações**

A tese foi limitada pelo facto de a amostra da investigação ser constituída apenas por participantes do sexo feminino. A intenção desta investigação era envolver participantes masculinos e femininos, mas devido às restrições de tempo e a um planeamento ineficaz, este objetivo não foi alcançado. O critério de seleção da amostra centrou-se na experiência com voluntários estrangeiros, pelo que o género não foi considerado um fator determinante para aceder aos dados qualitativos. Uma outra limitação desta tese é reconhecida na falta de experiência do investigador no campo e na sua relação pessoal com o tema deste estudo. Este facto representa o perigo potencial de o estudo ser influenciado pelos preconceitos pessoais do investigador. No entanto, a natureza do estudo qualitativo envolve sempre um certo risco de enviesamento; por isso, este caso particular é tratado como um fator inevitável que requer atenção extra para minimizar o seu efeito.

**4.2 Recomendações**

O voluntariado internacional tornou-se uma prática muito popular em todo o mundo na última década, que de um pequeno nicho, também exclusivo, se transformou numa poderosa indústria impulsionada por forças económicas. Não há dúvida de que os impactos sentidos tanto pelo voluntário como pela comunidade nos destinos de acolhimento requerem uma análise para compreender os efeitos desta prática. A investigação existente tem estado mais atenta às experiências dos voluntários do que às experiências da comunidade de acolhimento. Por conseguinte, este estudo sugere que é necessária uma investigação mais pormenorizada com a população local, a fim de melhorar as suas experiências e maximizar os resultados do voluntariado. A importância da cooperação entre as organizações de envio e de acolhimento na seleção de voluntários com competências relevantes e a avaliação posterior acrescentariam um valor adicional ao benefício global. Sugere-se igualmente que o "negócio" do voluntariado seja regulamentado e que a responsabilidade envolva a formação e a preparação dos voluntários antes da partida e a assistência no terreno e após o regresso, caso seja necessária.

É necessária mais investigação para investigar áreas e formas que possam ser utilizadas como base para o desenvolvimento de programas que capacitem a população local no bairro de lata de Kibera. Além disso, uma outra recomendação para a investigação futura seria o papel dos meios de comunicação social na comunidade de Kibera. O "boom" tecnológico é relativamente recente em comparação com as sociedades ocidentais, pelo que o seu impacto ainda está em curso e requer investigação sobre a forma como este poderoso instrumento pode ser utilizado para aliviar a situação atual e promover o desenvolvimento.

## 4.3 Conclusão

O objetivo desta investigação foi explorar a perceção da comunidade de acolhimento sobre o papel do voluntariado internacional em Kibera. Os resultados da investigação indicaram que os voluntários individuais podem ser vistos como uma pequena unidade no seio de uma estrutura maior, pelo que a sua contribuição, como o fornecimento de alimentos, propinas ou uniformes escolares, será mais frequentemente sentida a uma escala mais pequena e terá impacto no indivíduo ou na família do que na comunidade, durante um período de tempo mais curto. Os resultados indicam que a população local acredita que os voluntários estrangeiros têm a melhor das intenções para ajudar, mas a sua capacidade é limitada. Em oposição a esta afirmação, as organizações de voluntariado têm o potencial de fazer a diferença numa escala maior, mas muitas vezes não fazem o seu melhor. A perceção do papel do voluntariado internacional reflecte, em primeiro lugar, as expectativas materiais, bem como a prestação de serviços, seguida da troca de experiências interculturais que têm o potencial de mudar as atitudes e incentivar novas formas de fazer as coisas. Também foi reconhecido o papel do voluntário como um meio de comunicação entre Kibera e o Ocidente, seguido de um papel potencial na criação de dependência de agentes externos.

As perspectivas reflectidas da comunidade local destinam-se a enriquecer a experiência de aprendizagem das pessoas ocidentais e a ajudá-las a compreender os desafios das interações entre os voluntários internacionais e os anfitriões e a encará-los de diferentes pontos de vista. A contribuição potencial deste estudo reside no conhecimento acrescido sobre a vida no bairro de lata de Kibera, que pode ser utilizado como ponto de partida para desenvolver a consciencialização e a responsabilidade dos futuros voluntários.

# REFERÊNCIAS

Barcott, R. (2000). O bairro de lata de Kibera, Quénia: Será que as ONG ajudam? *Anthropology News,* 41(9), pp.13-13.

Boyer, K. (2014). *Relatório oficial de voluntariado no exterior de 2012.* Recuperado em 16 de novembro de 2014, do site Go Overseas: http ://www.gooverseas.com/volunteer-abroad-report

Braun, V., & Clarke, V. (2006). Utilização da análise temática em psicologia. *Investigação qualitativa em psicologia,* 3(2), pp.77-101.

Bremner, R.H. (1996). *Giving: Charity and Philanthropy in History.* New Jersey: Transaction Publishers.

Burgess, R. (1984). *In the Field: An Introduction to Field Research.* Londres: Allen and Unwin.

Bussell, H., & Forbes, D. (2002). Understanding the volunteer market: The what, where, who and why of volunteering. *International Journal of Nonprofit and Voluntary Setor Marketing,* 7 (3), pp.244-257.

Comhlamh, (2014). *Contexto histórico.* Recuperado em 22 de novembro de 2014, de http://www.comhlamh.org/issues-to-consider/historical-context/

Coghlan, A., & Fennell, D. (2009). Myth or Substance: An examination of altruism as the basis of volunteer tourism. *Annals Of Leisure Research,* 12(3/4), pp.377-402.

Coghlan, A., & Gooch, M. (2011). Aplicando uma estrutura de aprendizagem transformadora ao turismo voluntário. *Journal Of Sustainable Tourism,* 19(6), pp. 713-728.

De Feyter, S. (2011). Impacto da nova agenda política dos doadores internacionais na colaboração de projectos entre organizações comunitárias de mulheres e ONG nos bairros de lata de Kibera em Nairobi, Quénia. *Afrika Focus, 24*(1), pp. 33-50.

Graham, M. (2004). Volunteering as a Heritage/ Volunteering in Heritage. Em R.A. Stebbins & M. Graham (Eds.), *Volunteering As Leisure/leisure As Volunteering: An International Assessment* (pp.13-30). Wallingford: CABI Publishing.

Guttentag, D. A. (2009). Os possíveis impactos negativos do turismo voluntário. *International Journal Of Tourism Research,* 11(6), pp.537-551.

Hustinx, L., & Lammertyn, F. (2003). Estilos colectivos e reflexivos de voluntariado: Uma perspetiva de modernização sociológica. *Voluntas: International Journal of Voluntary and Nonprofit Organizations,* 14(2), pp.167-187.

Ihleb^k, H. M. (2006). *Água ou Soda: Volunteers in Kampala Slum.* Bergen: Departamento de Antropologia Social.

Notícias e análises humanitárias da IRIN, (2014). *Quénia: Lidar com o fardo da expansão dos bairros de lata em Nairobi.* Recuperado em 22 de novembro de 2014, de http://www.irinnews.org/report/50119/kenya-grappling-with-the-burden-of-expanding-slums- in-nairobi .

Legard, R., Keegan, J., & Ward, K. (2010). Entrevistas em profundidade. Em J. Richie & J. Lewis (Eds.), *Qualitative Research Practice: A Guide for Social Science Students and Researchers* (pp. 138-169). Londres: SAGE Publications Ltd.

Lewis, J. (2010). Questões de conceção. Em J. Richie & J. Lewis (Eds.), *Qualitative Research Practice: A Guide for Social Science Students and Researchers* (pp. 47-76). Londres: SAGE Publications Ltd.

Lyons, K.D., & Wearing, S. (2008). Volunteer Tourism as Alternative Tourism: Journeys Beyond Otherness. Em K. D. Lyons & S. Wearing (Eds.), *Journeys of Discovery In Volunteer Tourism: International Case Study Perspectives* (pp. 3-11). Wallingford: CABI Publishing.

Lyons, K., Wearing, S., & Benson, A. (2009). Introduction to the Special Issue on Volunteer Tourism. *Annals Of Leisure Research,* 12(3/4), pp. 269-271.

Marras, S. (2008). *Mapping the unmapped.* Milão: Departamento de Sociologia e Investigação Social da Universidade de Milão-Bicocca.

Moyo, D. (2009, 21 de março). Why Foreign Aid Is Hurting Africa" [Porque é que a ajuda externa está a prejudicar África]. *The Wall Street Journal.*

Obtido em 21 de março de 2015, de http://www.wsj.com/articles/SB123758895999200083

Mustonen, P. (2006). Turismo de voluntariado: Postmodern pilgrimage? *Journal of Tourism and Cultural Change,* 3(3), pp. 160-177.

Ndege, O. P (2009). *Colonialismo e seus legados no Quénia.* Recuperado em 21 de novembro de 2014, de http://international.iupui.edu/kenya/resources/Colonialism-and-Its-Legacies.pdf

Ngau, P (2013). *Da cidade e do campo: Uma nova abordagem ao planeamento urbano no Quénia.* Londres: Instituto de Investigação de África.

Nulty, C. (2012). A experiência de desenvolvimento do Quénia: A History of Hindrances and Limiting Factors (Uma História de Obstáculos e Factores Limitantes). *Colgate Academic Review.* 3 (1), pp. 100-108.

Dicionário Etimológico Online, (2014). *Volunteer.* Recuperado em 12 de novembro de 2014, de http://www.etymonline.com/index.php?allowed em frame=0&search=volunteer&searchmode=none

Osman, J. (2014). *Em digressão com o turista dos bairros de lata no Quénia.* Recuperado em 22 de novembro de 2014, do site do Channel4: http://www.channel4.com/news/slum-tourism-poverty-kenya-kibera-africa- jamal-osman

Raymond, E.M., & Hall, C.M. (2008).The Development of Cross-Cultural (Mis) Understanding Through Volunteer Tourism. *Journal of Sustainable Tourism.* 16(5). pp. 530-543.

Richie, J. (2010). As Aplicações dos Métodos Qualitativos à Investigação Social. Em J. Richie & J. Lewis (Eds.), *Qualitative Research Practice: A Guide for Social Science Students and Researchers* (pp. 24-46). Londres: SAGE Publications Ltd.

Sherraden, M., Lough, B., & McBride, A. (2008). Effects of International Volunteering and Service: Individual and Institutional Predictors. *Voluntas: International Journal Of Voluntary & Nonprofit Organizations,* 19(4), pp.395-421.

Silverman, D. (2010). *Doing Qualitative Research.* (3ʳᵈ ed.). Londres: SAGE Publications Ltd.

Sin, L.S. (2009). Volunteer Tourism- "Involve me and I will learn"? *Annals of Tourism Research,* 36(3), pp. 480-501.

Associação Sociológica da Irlanda [SAI] (2015). *Diretrizes éticas.* Obtido em 25 de março de 2015, de http://www.sociology.ie/uploads/4/2/5/2/42525367/sai ethical guidelines.pdf

Snape, D., & Spencer, L. (2010). The Foundations of Qualitative Research (Os fundamentos da investigação qualitativa). Em J. Richie & J. Lewis (Eds.), *Qualitative Research Practice: A Guide for Social Science Students and Researchers* (pp. 1-23). Londres: SAGE Publications Ltd.

Soderman, N., & Snead, S.L. (2008). Opening the Gap: The Motivations of Gap Year Travellers to Volunteer in Latin America. Em K.D.Lyons & S. Wearing (Eds.), *Journeys of Discovery In Volunteer Tourism: International Case Study Perspectives* (pp. 118-129).

Wallingford: CABI Publishing.

Stebbins, R.A. (1996). Volunteering: A Serious Leisure Perspective. *Nonprofit and Voluntary Setor Quarterly,* 25(2), pp. 211- 224.

Stourton, E. (2009). *Os Missionários.* Recuperado em 15 de março de 2015, de http://www.bbe.eo.uk/religion/religions/ehristianity/history/missionaries.shtml

Nações Unidas [ONU] (2011). *O Quénia nas Nações Unidas.* Recuperado em 21 de novembro de 2014, de http://www.kenyaun.org/AboutKenya.aspx#.VG-54NKsUrg

UN- Habitat (2005). *Quénia: Urban Setor Profile.* Nairobi: Programa das Nações Unidas para os Assentamentos.

UN- Habitat (2014). *Kibera: Projeto Integrado de Saneamento de Água e Gestão de Resíduos.* Nairobi: Programa das Nações Unidas para os Assentamentos Humanos.

ONU-Habitat (2006). *Relatório sobre o estado das cidades do mundo 2006/7.* Nairobi: Programa das Nações Unidas para os Assentamentos Humanos

Voluntários das Nações Unidas [UNV] (2011). Voluntariado no Universal. *Relatório sobre o estado do voluntariado no mundo 2011.* Recuperado em 14 de novembro de 2014, de http://www.unv.org/fileadmin/doedb/pdf/2011/SWVR/English/SWVR2011 full %5B04%5D ehapter1.pdf

Volunteers Magazine (2014). *Os 10 principais destinos de voluntariado no exterior em 2014.* Recuperado em 23 de novembro de 2014, de http://www.volunteersmagazine.eom/top-10-volunteer-abroad-destinations- 2014/

Wesolowski, A., & Eagle, N. (2010). Parametrizando as dinâmicas de favelas. No *Simpósio de primavera da AAAI: Inteligência Artificial para o Desenvolvimento.*

Wearing, S. (2001). *Volunteer Tourism: Experiences that make a difference.* Wallingford: CABI Publishing.

Wilson, J., & Musick, M. (1999). The Effects of Volunteering on the Volunteer. *Law and Contemporary Problems,* 62(4), pp.141-168.

Zeleza, P. T. (2010). *Os desafios democráticos e de desenvolvimento do Quénia pós-colonial.* Recuperado em 21 de março de 2015, de http://escholarship.org/uc/item/3bh758jz